AF221758

Impressum
Verlag: BABADADA GmbH, Nedderfeld 112 , 22529 Hamburg
Geschäftsführer / Verlagsleitung: Harald Hof
Druck: Books on Demand GmbH, In de Tarpen 42, 22848 Norderstedt

Imprint
Publisher: BABADADA GmbH, Nedderfeld 112 , 22529 Hamburg, Germany
Managing Director / Publishing direction: Harald Hof
Print: Books on Demand GmbH, In de Tarpen 42, 22848 Norderstedt, Germany

kool

la escuela

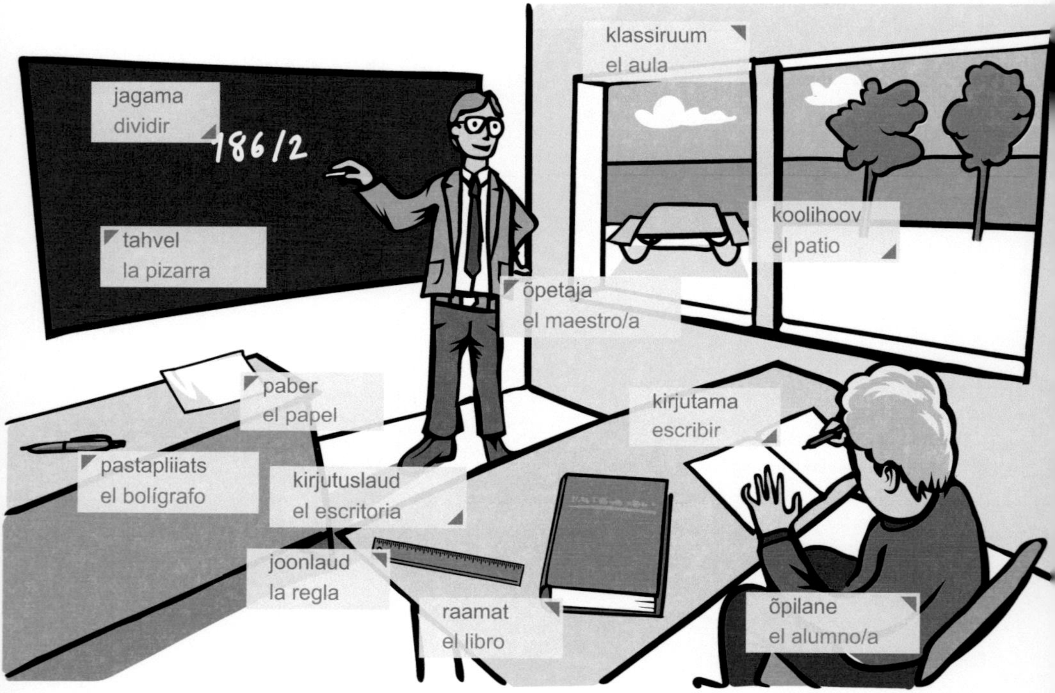
klassiruum
el aula
jagama
dividir
186/2
tahvel
la pizarra
koolihoov
el patio
õpetaja
el maestro/a
paber
el papel
kirjutama
escribir
pastapliiats
el bolígrafo
kirjutuslaud
el escritoria
joonlaud
la regla
raamat
el libro
õpilane
el alumno/a

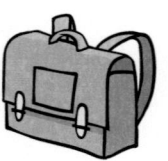

koolikott

la cartera

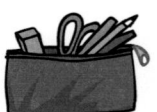

pinal

la caja de lápices

harilik pliiats

el lápiz

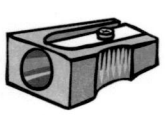

pliiatsiteritaja

el sacapuntas

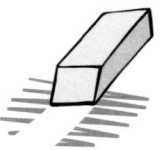

kustukumm

la goma de borrar

joonistusplokk

el cuaderno de dibujo

joonistus
el dibujo

pintsel
el pincel

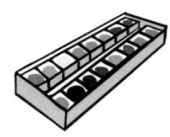

värvikarp
la caja de pinturas

käärid
las tijeras

liim
el pegamento

töövihik
el cuaderno de ejercicios

kodutöö
los deberes

number
el número

liitma
sumar

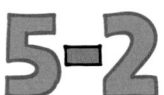

lahutama
restar

korrutama
multiplicar

arvutama
calcular

täht
la letra

tähestik
el alfabeto

sõna
la palabra

tekst

el texto

lugema

leer

kriit

la tiza

koolitund

la lección

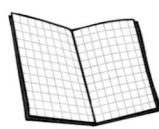

klassipäevik

el cuaderno de notas

eksam

el examen

tunnistus

el certificado

koolivorm

el uniforme

haridus

la educación

entsüklopeedia

la enciclopedia

ülikool

la universidad

mikroskoop

el microscopio

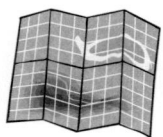

kaart

el mapa

paberikorv

la papelera

reisimine
el viaje

hotell
el hotel
Grand
hostel
el albergue
ROOMS
EXCHANGE
uutavahetuspunkt
ficina de cambio de divisas
kohver
la maleta
auto
el coche

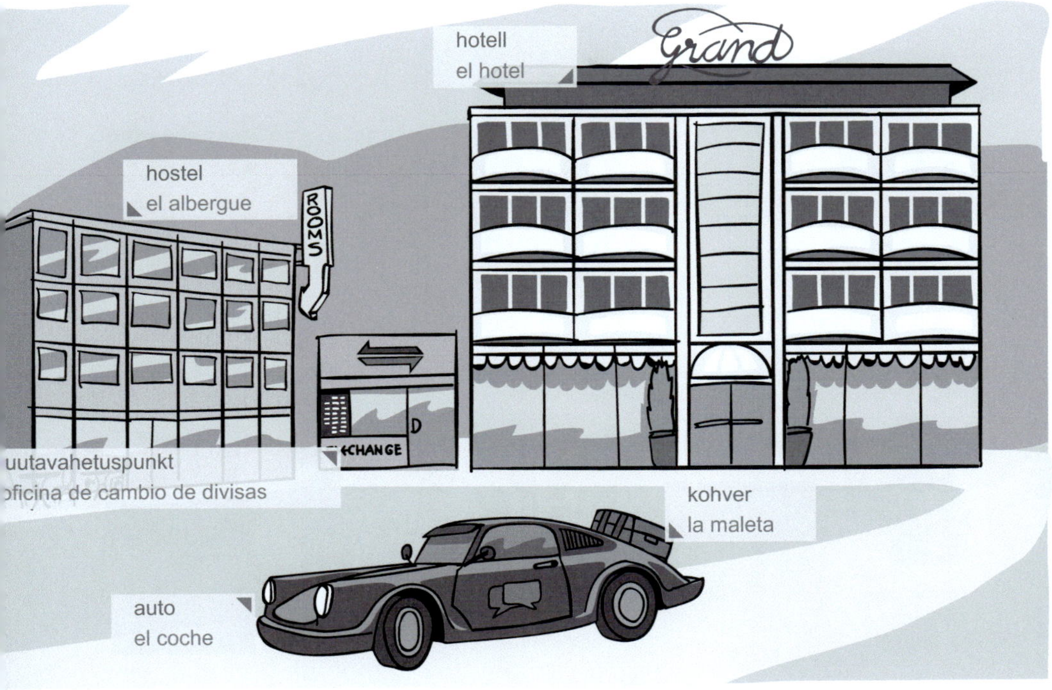

keel
el idioma

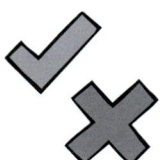

jah / ei
sí / no

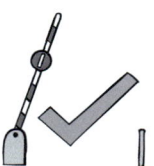

okei
Vale

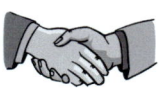

Tere!
hola

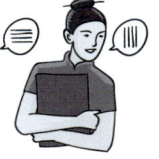

tõlk
el traductor

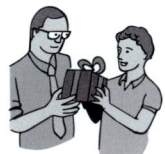

Aitäh!
Gracias

Kui palju maksab …?

¿cuánto es…?

Ma ei saa aru

No entiendo

probleem

el problema

Tere õhtust!

¡Buenas tardes!

Tere hommikust!

¡Buenos días!

Head ööd!

¡Buenas noches!

Head aega!

adiós

suund

la dirección

pagas

el equipaje

kott

la bolsa

seljakott

la mochila

külaline

el invitado

tuba

la habitación

magamiskott

el saco de dormir

telk

la tienda de campaña

turismiinfo

la información turística

rand

la playa

krediitkaart

la tarjeta de crédito

hommikusöök

el desayuno

lõunasöök

el almuerzo

õhtusöök

la cena

pilet

el billete

lift

el ascensor

postmark

el sello

riigipiir

la frontera

toll

la aduana

saatkond

la embajada

viisa

la visa

pass

el pasaporte

transport
el transporte

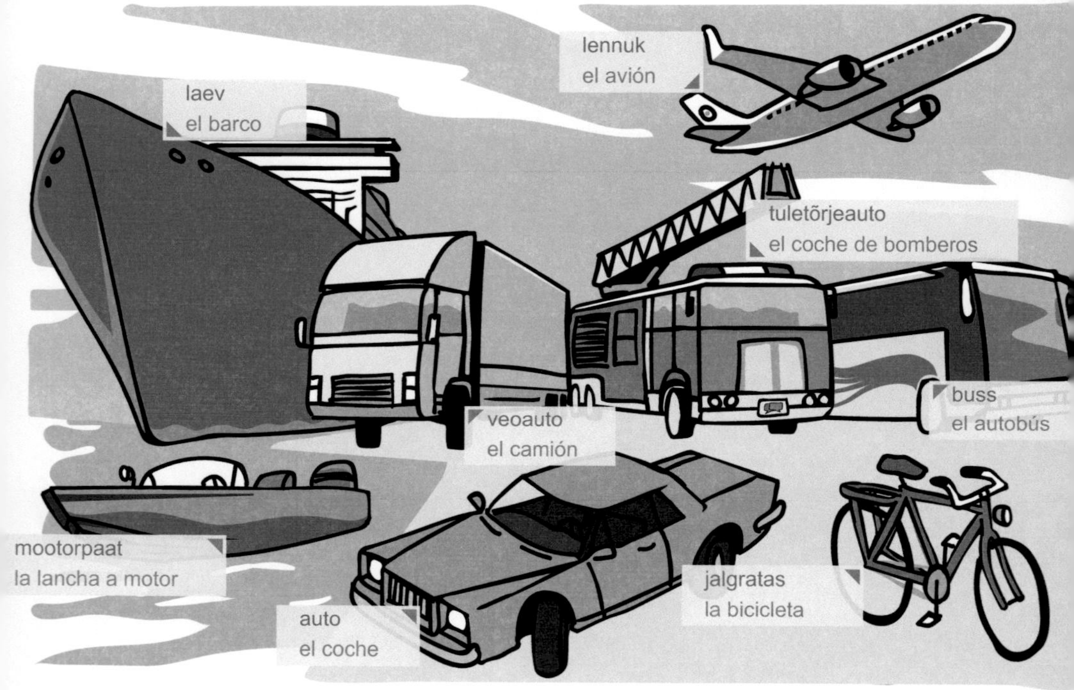
lennuk
el avión
laev
el barco
tuletõrjeauto
el coche de bomberos
buss
el autobús
veoauto
el camión
mootorpaat
la lancha a motor
jalgratas
la bicicleta
auto
el coche

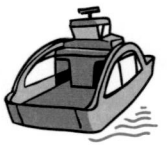

praam

el transbordador

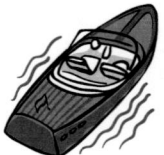

paat

la barca

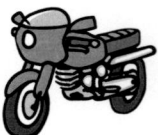

mootorratas

la moto

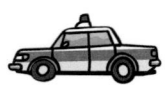

politseiauto

el coche de policía

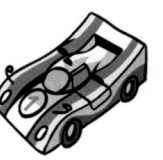

võidusõiduauto

el coche de carreras

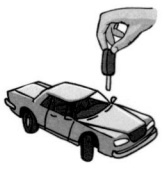

rendiauto

el coche de alquiler

ühisauto

el préstamo de vehículos

puksiirauto

la grúa

prügiauto

el camión de la basura

mootor

el motor

kütus

la gasolina

tankla

la gasolinera

liiklusmärk

la señal de tráfico

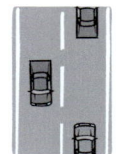

liiklus

el tráfico

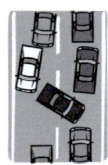

liiklusummik

el atasco

parkla

el aparcamiento

raudteejaam

la estación de tren

rööpad

las vías

rong

el tren

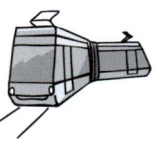

tramm

el tranvía

vagun

el vagón

transport - el transporte

9

helikopter

el helicóptero

lennujaam

el aeropuerto

torn

la torre

reisija

el pasajero

konteiner

el contenedor

pappkast

la caja de cartón

käru

la carretilla

korv

la cesta

õhku tõusma / maanduma

despegar / aterrizar

linn

la ciudad

küla

el pueblo

kesklinn

el centro de la ciudad

maja

la casa

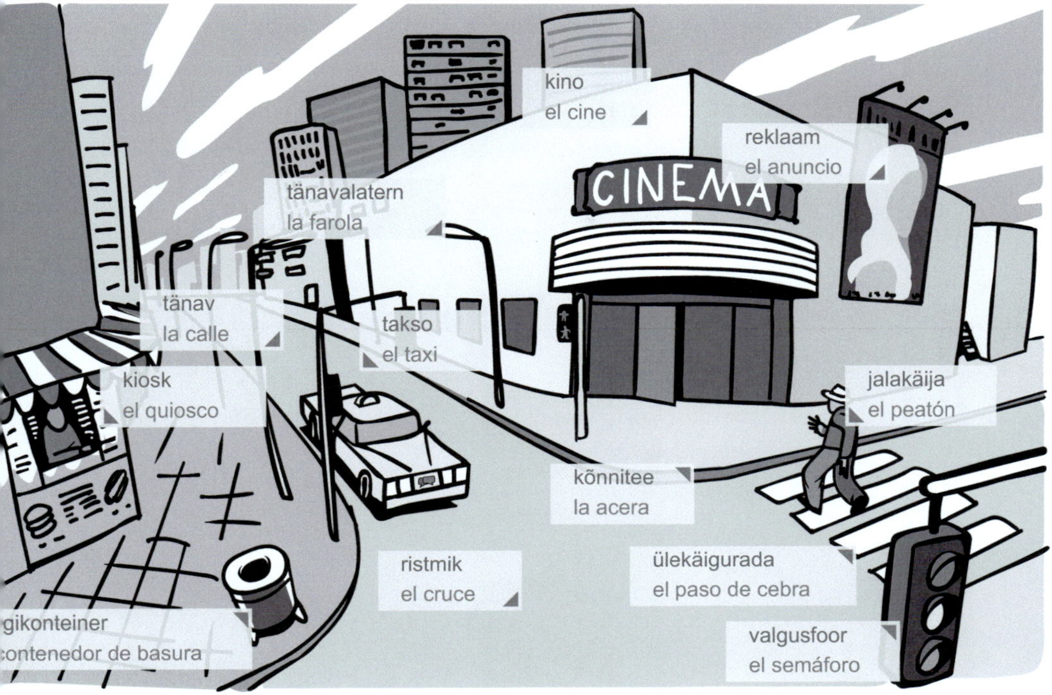

kino
el cine

reklaam
el anuncio

tänavalatern
la farola

tänav
la calle

takso
el taxi

jalakäija
el peatón

kiosk
el quiosco

CINEMA

kõnnitee
la acera

ristmik
el cruce

ülekäigurada
el paso de cebra

gikonteiner
ontenedor de basura

valgusfoor
el semáforo

osmik

la cabaña

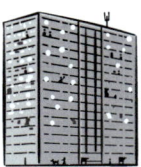

kortermaja

el apartamento

raudteejaam

la estación de tren

raekoda

el ayuntamiento

muuseum

el museo

kool

la escuela

ülikool

la universidad

pank

el banco

haigla

el hospital

hotell

el hotel

apteek

la farmacia

kontor

la oficina

raamatupood

la librería

kauplus

la tienda de campaña

lillepood

la floristería

supermarket

el supermercado

turg

el mercado

kaubamaja

los grandes almacenes

kalapood

la pescadería

kaubanduskeskus

el centro comercial

sadam

el puerto

park

el parque

pink

el banco

sild

el puente

trepp

las escaleras

metroo

el metro

tunnel

el túnel

bussipeatus

la parada de autobús

baar

el bar

restoran

el restaurante

postkast

el buzón

tänavasilt

el poste indicador

parkimisautomaat

el parquímetro

loomaaed

el zoo

ujula

la piscina

mošee

la mezquita

talu
la granja

reostus
la contaminación

surnuaed
el cementerio

kirik
la iglesia

mänguväljak
el patio de juego

tempel
el templo

maastik
el paisaje

leht
la hoja

teeviit
la señal

tee
el camino

aas
el prado

kivi
la piedra

matkaja
el excursionista

puu
el árbol

jõgi
el río

rohi
la hierba

lill
la flor

org

el valle

mägi

la colina

järv

el lago

mets

el bosque

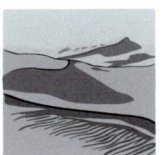

kõrb

el desierto

vulkaan

el volcán

linnus

el castillo

vikerkaar

el arcoíris

seen

el champiñón

palm

la palmera

sääsk

el mosquito

kärbes

la mosca

sipelgas

la hormiga

mesilane

la abeja

ämblik

la araña

mardikas

el escarabajo

konn

la rana

orav

la ardilla

siil

el erizo

jänes

la liebre

öökull

la lechuza

lind

el pájaro

luik

el cisne

metssiga

el jabalí

hirv

el ciervo

põder

el alce

pais

la presa

tuuleturbiin

la turbina eólica

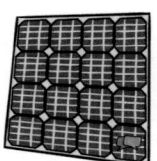

päikesepaneel

el panel solar

kliima

el clima

restoran
el restaurante

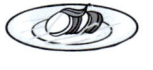

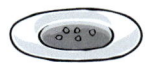

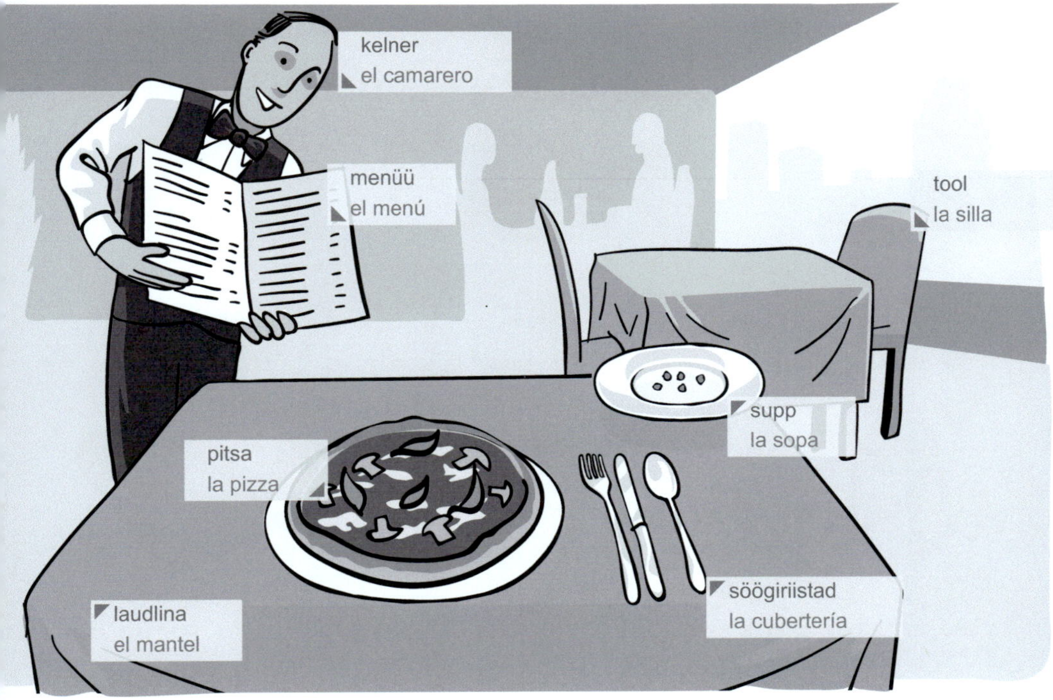
kelner
el camarero
menüü
el menú
tool
la silla
supp
la sopa
pitsa
la pizza
söögiriistad
la cubertería
laudlina
el mantel

eelroog

el primer plato

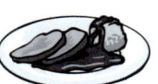

pearoog

el plato principal

magustoit

el postre

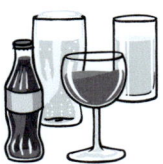

joogid

las bebidas

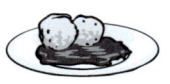

toit

la comida

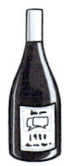

pudel

la botella

kiirtoit

la comida rápida

tänavatoit

la comida callejera

teekann

la tetera

suhkrutoos

el azucarero

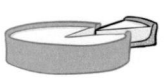

portsjon

la porción

espressomasin

la cafetera expreso

lastetool

la trona

arve

la cuenta

kandik

la bandeja

nuga

el cuchillo

kahvel

el tenedor

lusikas

la cuchara

teelusikas

la cucharilla

salvrätik

la servilleta

klaas

el vaso

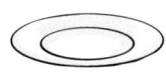

taldrik

el plato

supitaldrik

el plato hondo

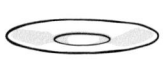

alustass

el platillo

kaste

la salsa

soolatoos

el salero

pipraveski

el molinillo de pimienta

äädikas

el vinagre

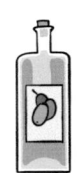

õli

el aceite

vürtsid

las especias

ketšup

el ketchup

sinep

la mostaza

majonees

la mayonesa

supermarket

el supermercado

eripakkumine
la oferta especial
FOR
klient
el cliente
piimatooted
los lácteos
puuviljad
la fruta
ostukäru
el carro de compra

BUTCHERS

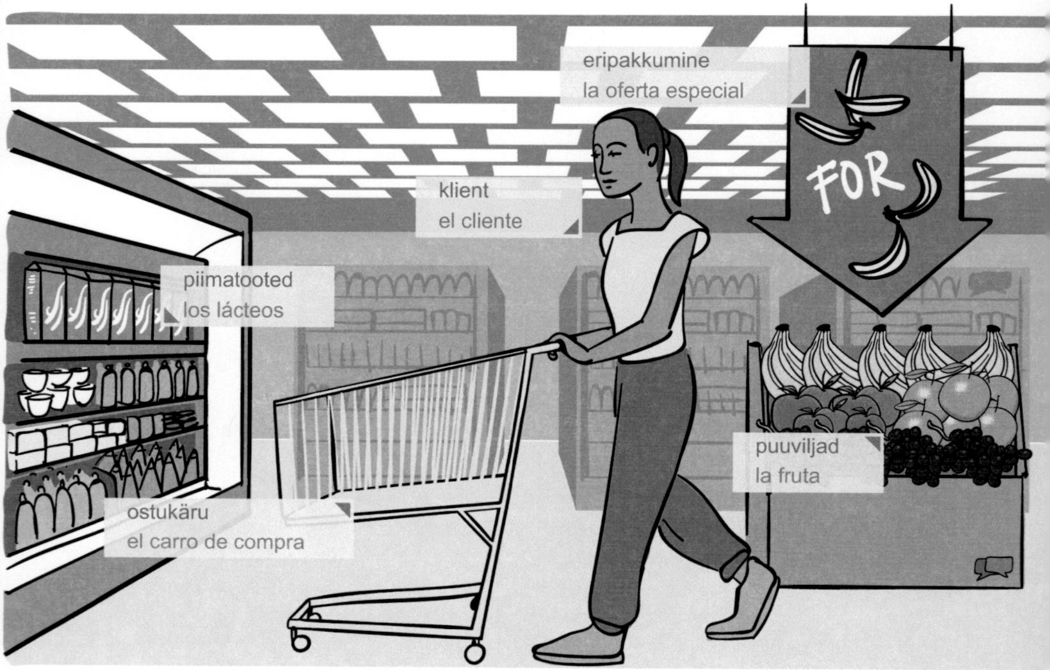

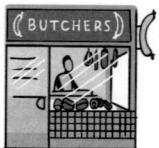

lihapood

la carniceria

BAKERY

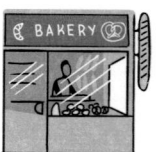

pagariäri

la panadería

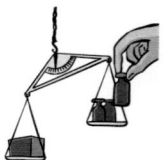

kaaluma

pesar

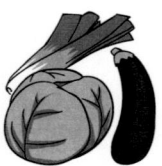

köögiviljad

las verduras

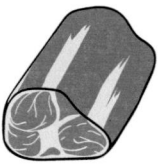

liha

la carne

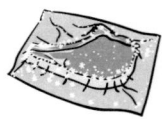

külmutatud toit

los alimentos congelados

lihalõigud

los fiambres

konservid

las conservas

pesupulber

el detergente en polvo

maiustused

los dulces

majatarbed

productos de uso doméstico

puhastustooted

productos de limpieza

müüja

la vendedora

kassaaparaat

la caja de cartón

kassapidaja

el cajero

ostunimekiri

la lista de la compra

lahtiolekuajad

el horario de atención al público

rahakott

la cartera

krediitkaart

la tarjeta de crédito

kott

la bolsa de plástico

kilekott

la bolsa de plástico

vesi

el agua

mahl

el zumo

piim

la leche

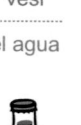

koola

la cola

vein

el vino

õlu

la cerveza

alkohol

el alcohol

kakao

el cacao

tee

el té

kohv

el café

espresso

el expreso

cappuccino

el capuchino

banaan

el plátano

õun

la manzana

apelsin

la naranja

arbuus

el melón

sidrun

el limón

porgand

la zanahoria

küüslauk

el ajo

bambus

el bambú

sibul

la cebolla

seen

el champiñón

pähklid

las avellanas

nuudlid

los fideos

spagetid

las espagueti

riis

el arroz

salat

la ensalada

friikartulid

las patatas fritas

praekartulid

las patatas fritas

pitsa

la pizza

hamburger

la hamburguesa

võileib

el sándwich

šnitsel

el filete

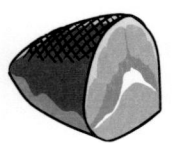

sink

el jamón

salaami

le salami

vorst

la salchicha

kana

el pollo

praeliha

el asado

kala

el pescado

kaerahelbed

los copos de avena

müsli

el muesli

maisihelbed

los copos de maíz

jahu

la harina

sarvesai

el cruasán

kukkel

el panecillo

leib

el pan

röstsai

la tostada

küpsised

las galletas

või

la mantequilla

kohupiim

la cuajada

kook

el pastel

muna

el huevo

praemuna

el huevo frito

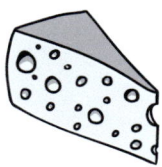

juust

el queso

jäätis

el helado

suhkur

el azúcar

mesi

la miel

moos

la mermelada

pähklivõie

la crema de turrón

karri

el curry

talu
la granja

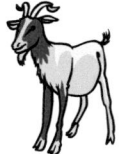

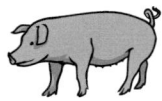

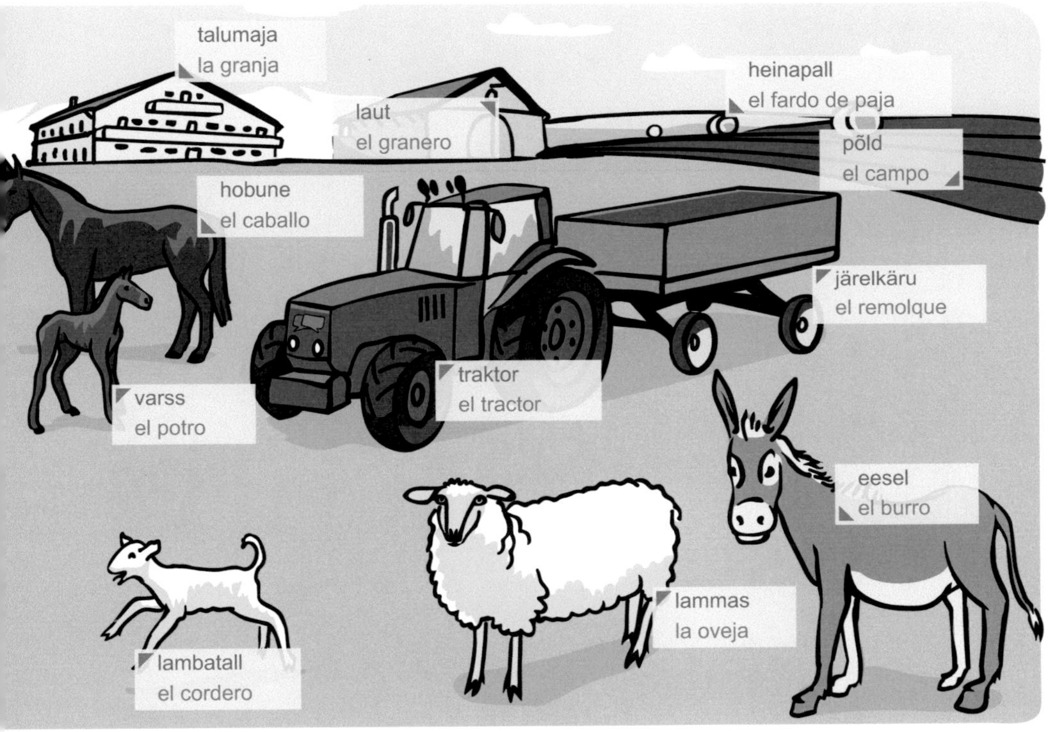
talumaja
la granja
laut
el granero
heinapall
el fardo de paja
põld
el campo
hobune
el caballo
järelkäru
el remolque
traktor
el tractor
varss
el potro
eesel
el burro
lammas
la oveja
lambatall
el cordero

kits
la cabra

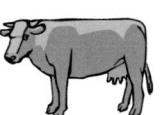

lehm
la vaca

vasikas
el ternero

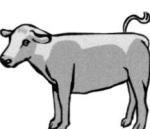

siga
el cerdo

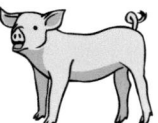

põrsas
el cerdito

pull
el toro

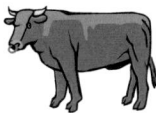

hani

el ganso

part

el pato

tibu

el pollo

kana

la gallina

kukk

el gallo

rott

la rata

kass

el gato

hiir

el ratón

härg

el buey

koer

el perro

koerakuut

la perrera

aiavoolik

la manguera

kastekann

la regadera

vikat

la guadaña

ader

el arado

sirp

la hoz

kõblas

la azada

hang

la horca

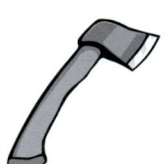

kirves

el hacha

käru

la carretilla

küna

el abrevadero

piimanõu

la lechera

kott

el saco

tara

la valla

tall

el establo

kasvuhoone

el invernadero

muld

el suelo

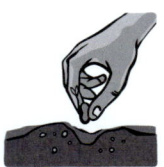

seeme

la semilla

väetis

el fertilizador

kombain

la cosechadora

saaki koristama

cosechar

saagikoristus

la cosecha

jamss

el ñame

nisu

el trigo

soja

el soja

kartul

la patata

mais

el maíz

raps

la semilla de colza

viljapuu

el árbol frutal

maniokk

la mandioca

teravili

las cereales

maja

la casa

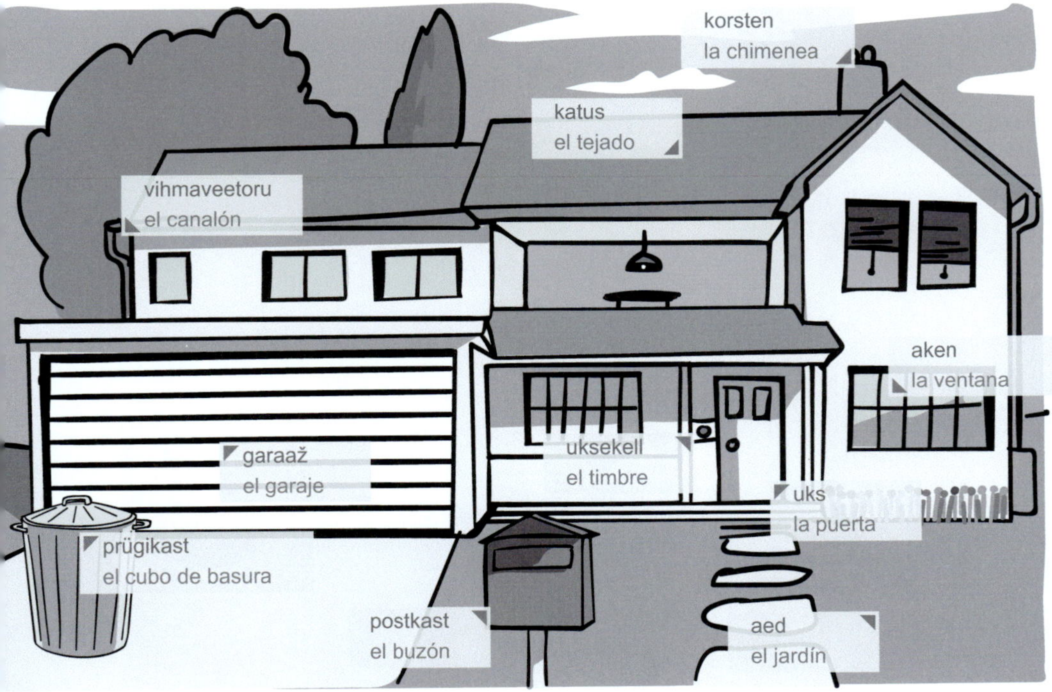
korsten
la chimenea
katus
el tejado
vihmaveetoru
el canalón
aken
la ventana
garaaž
el garaje
uksekell
el timbre
uks
la puerta
prügikast
el cubo de basura
postkast
el buzón
aed
el jardín

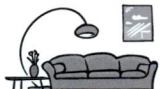

elutuba

la sala

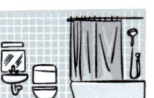

vannituba

el cuarto de baño

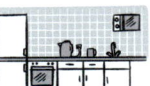

köök

la cocina

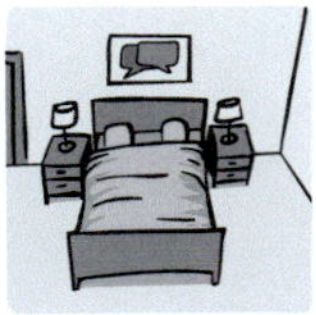

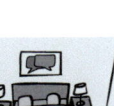

magamistuba

el dormitorio

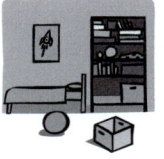

lastetuba

la habitación de los niños

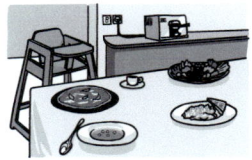

söögituba

el comedor

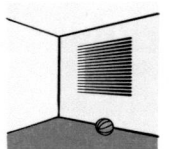

põrand

el suelo

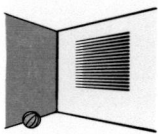

sein

la pared

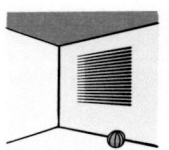

lagi

el techo

kelder

el sótano

saun

la sauna

rõdu

el balcón

terrass

la terraza

bassein

la piscina

muruniiduk

el cortacésped

voodilina

la sábana

päevatekk

la colcha

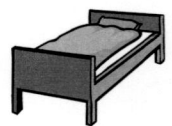

voodi

la cama

luud

la escoba

ämber

el balde

lüliti

el interruptor

elutuba
la sala

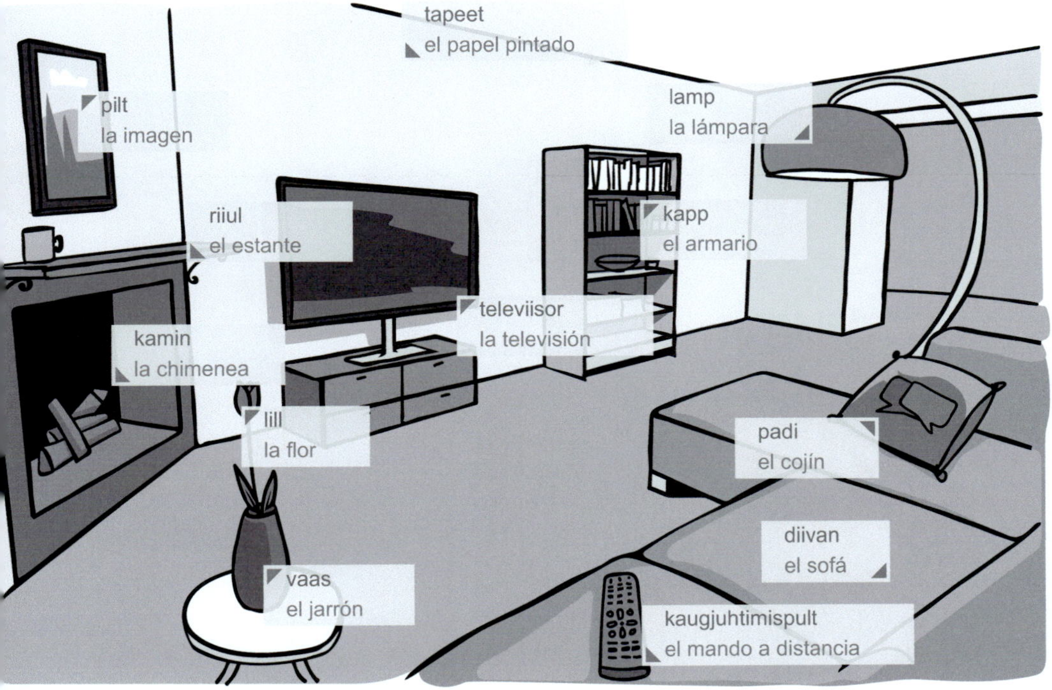
tapeet
el papel pintado
pilt
la imagen
lamp
la lámpara
riiul
el estante
kapp
el armario
televiisor
la televisión
kamin
la chimenea
lill
la flor
padi
el cojín
diivan
el sofá
vaas
el jarrón
kaugjuhtimispult
el mando a distancia

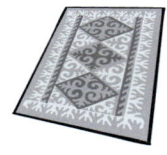

vaip
la alfombra

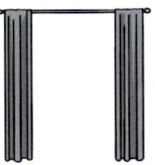

kardin
la cortina

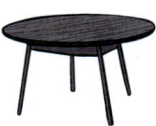

laud
la mesa

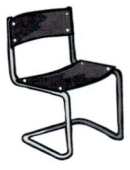

tool
la silla

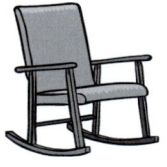

kiiktool
el mecedora

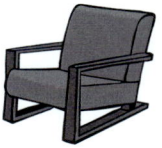

tugitool
la butaca

raamat

el libro

tekk

la manta

kaunistus

la decoración

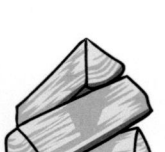

küttepuud

la leña

film

la película

helisüsteem

el equipo de música

võti

la llave

ajaleht

el periódico

maal

la pintura

plakat

el póster

raadio

la radio

märkmik

el cuaderno

tolmuimeja

la aspiradora

kaktus

el cactus

küünal

la vela

köök
la cocina

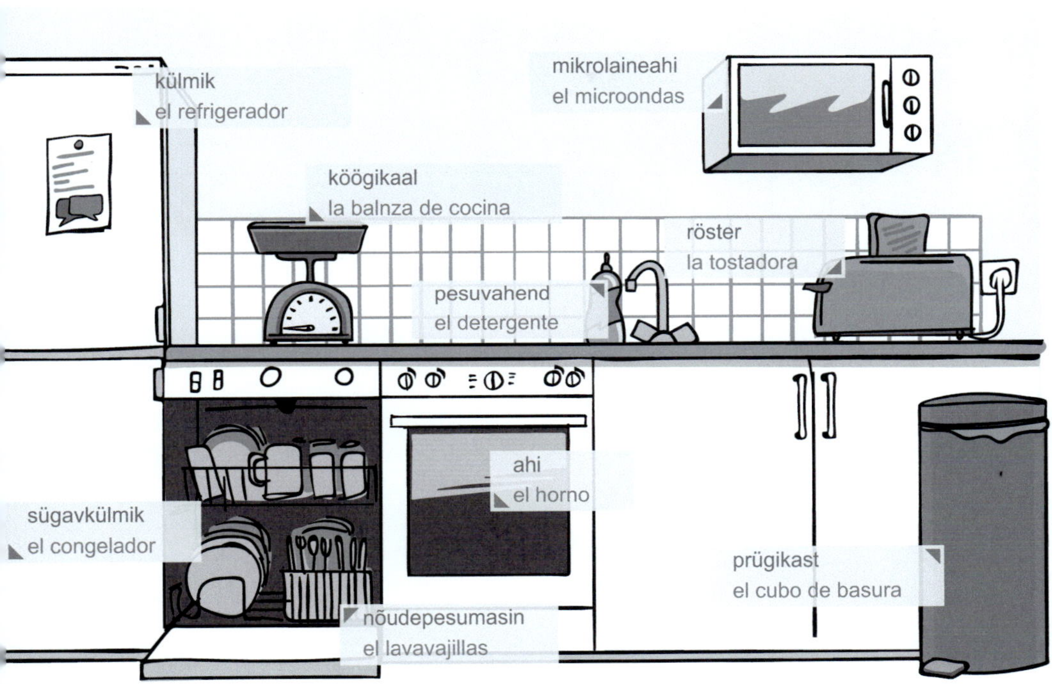
külmik
el refrigerador
mikrolaineahi
el microondas
köögikaal
la balnza de cocina
röster
la tostadora
pesuvahend
el detergente
ahi
el horno
sügavkülmik
el congelador
prügikast
el cubo de basura
nõudepesumasin
el lavavajillas

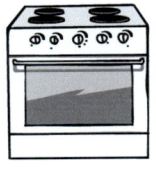

pliit

la olla a presión

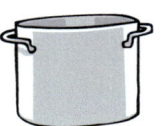

pott

la olla

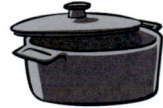

malmpott

la olla de hierro fundido

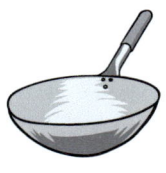

vokkpann

el wok

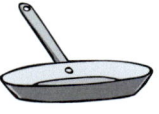

pann

la cazuela

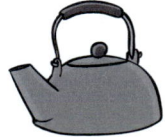

veekeetja

el hervidor

aurutaja

la vaporera

küpsetusplaat

la chapa de horno

lauanõud

la vajilla

kruus

la taza

kauss

el tazón

söögipulgad

los palillos

kulp

el cucharón

pannilabidas

la espumadera

vispel

el batidor

kurn

el colador

sõel

el cedazo

riiv

el rallador

uhmer

el mortero

grill

la barbacoa

lahtine tuli

la hoguera

lõikelaud

la tabla de picar

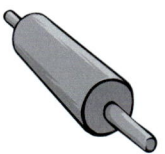

tainarull

el rodillo

korgitser

el sacacorchos

konservipurk

la lata

konserviavaja

el abrelatas

pajakinnas

el agarrador

kraanikauss

el lavabo

hari

el cepillo

pesukäsn

la esponja

kannmikser

la batidora

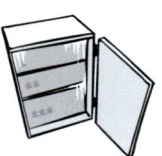

sügavkülmuti

el congelador

lutipudel

el biberón

segisti

el grifo

vannituba

el cuarto de baño

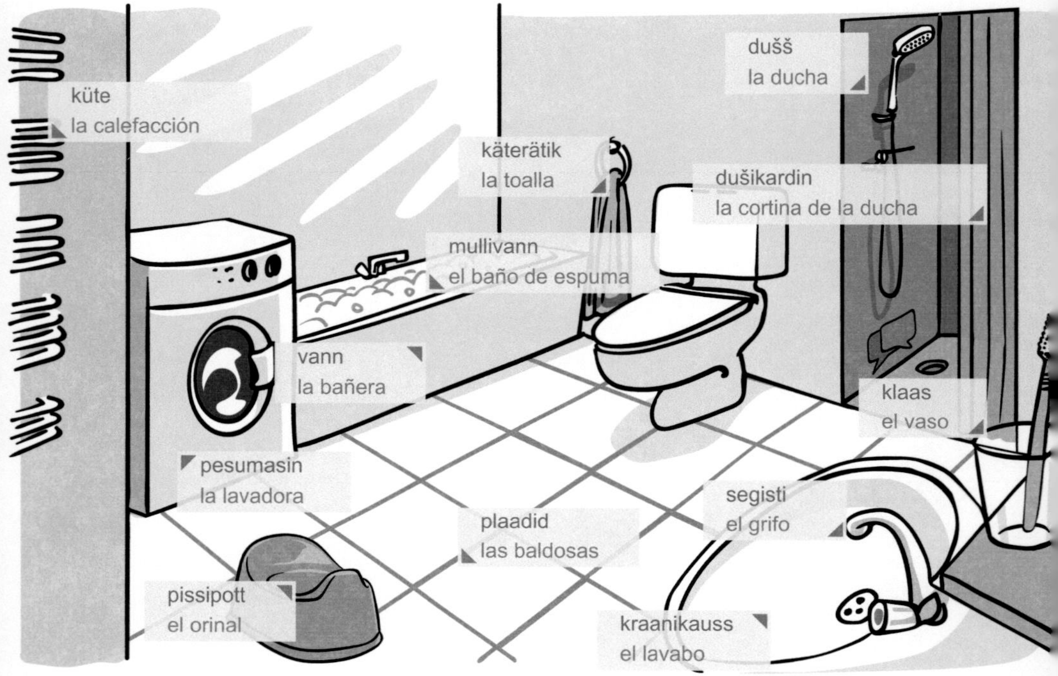

küte
la calefacción
dušš
la ducha
käterätik
la toalla
dušikardin
la cortina de la ducha
mullivann
el baño de espuma
vann
la bañera
klaas
el vaso
pesumasin
la lavadora
segisti
el grifo
plaadid
las baldosas
pissipott
el orinal
kraanikauss
el lavabo

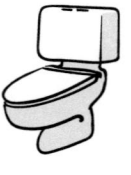

WC-pott

el inodoro

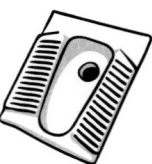

kükitamistualett

el inodoro rústico

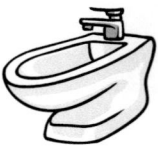

bidee

el bidé

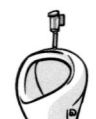

pissuaar

el urinario

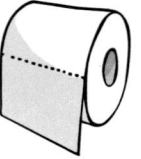

tualettpaber

el papel higiénico

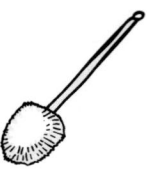

WC-hari

la escobilla del váter

hambahari

el cepillo de dientes

hambapasta

la pasta de dientes

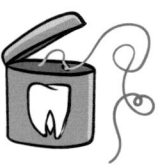

hambaniit

el hilo dental

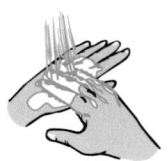

pesema

lavar

käsidušš

la ducha de mano

intiimdušš

la ducha íntima

pesukauss

la pila

seljahari

el cepillo de espalda

seep

el jabón

dušigeel

el gel de ducha

šampoon

el champú

vamm

la toallita

äravool

el desagüe

kreem

la crema

deodorant

el desodorante

peegel

el espejo

käsipeegel

el espejo de tocador

habemenuga

la maquinilla de afeitar

raseerimisvaht

la espuma de afeitar

habemevesi

la loción postafeitado

kamm

el peine

hari

el cepillo

föön

el secador

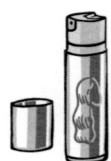

juukselakk

la laca

meigikomplekt

el maquillaje

huulepulk

el pintalabios

küünelakk

el pintauñas

vatt

el algodón

küünekäärid

el cortauñas

parfüüm

el perfume

tualett-tarvete kott
....
el estuche de viaje

taburet
....
la banqueta

kaal
....
la balanza

hommikumantel
....
el albornoz

kummikindad
....
los guantes de goma

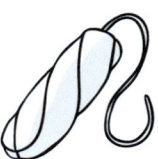

tampoon
....
el tampón

hügieeniside
....
la compresa

keemiline tualett
....
el inodoro químico

lastetuba

la habitación de los niños

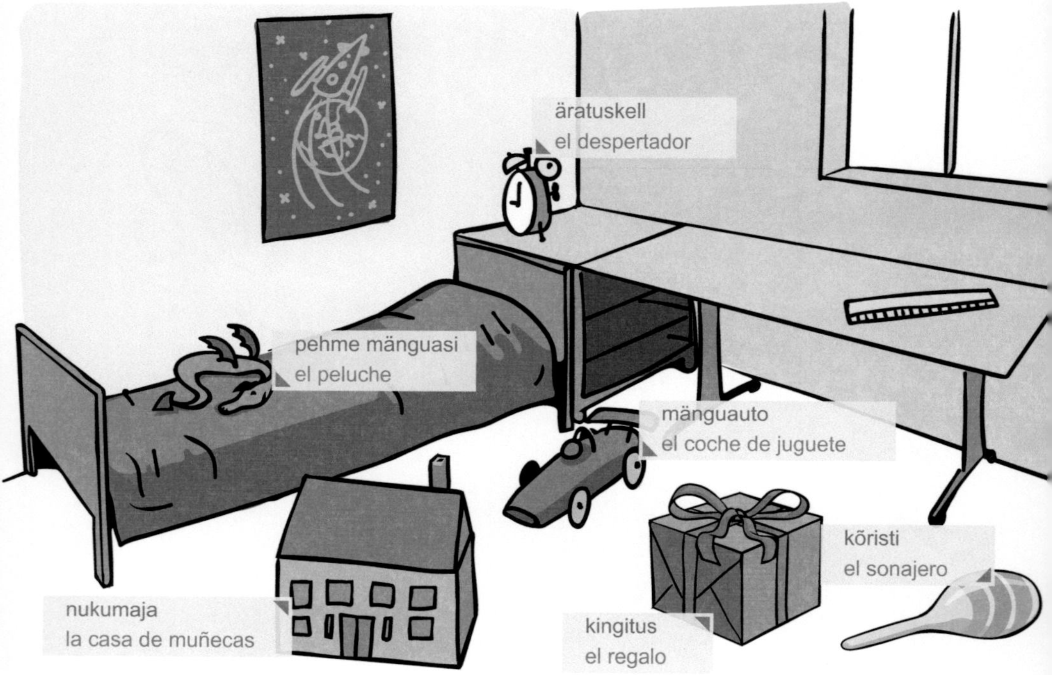

äratuskell
el despertador
pehme mänguasi
el peluche
mänguauto
el coche de juguete
kõristi
el sonajero
nukumaja
la casa de muñecas
kingitus
el regalo

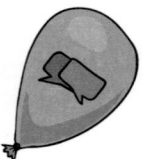

õhupall

el globo

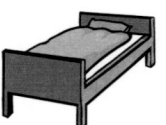

voodi

la cama

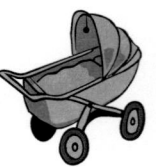

lapsevanker

el coche de niño

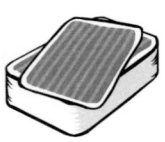

kaardipakk

los naipes

pusle

el puzle

SUPER
MEGA

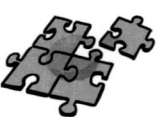

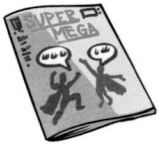

koomiks

el tebeo

Lego klotsid

las piezas de lego

klotsid

los bloques de juguete

kujuke

la figura de acción

siputuspüksid

el bodi (de bebé)

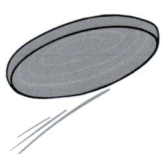

lendav taldrik

el frisbee

voodikarussell

el colgador móvil para
bebés

lauamäng

el juego de mesa

täringud

los dados

mudelrong

el circuito de tren eléctrico

lutt

el maniquí

pidu

la fiesta

pildiraamat

el álbum de fotos

pall

la pelota

nukk

la muñeca

mängima

jugar

liivakast

el cajón de arena

kiik

el columpio

mänguasjad

los juguetes

mängukonsool

la videoconsola

kolmerattaline jalgratas

el triciclo

mängukaru

el oso de peluche

riidekapp

la guardarropa

riietus

la ropa

sokid

los calcetines

sukad

las medias

sukkpüksid

los leotardos

sall
la bufanda

vihmavari
el paraguas

T-särk
la camiseta

vöö
el cinturón

saapad
las botas

sussid
las zapatillas

tossud
las deportivas

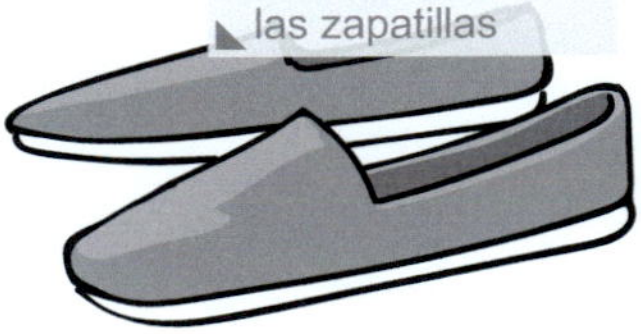

sandaalid

las sandalias

jalatsid

los zapatos

kummikud

las botas de goma

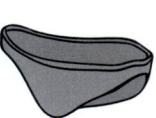

aluspüksid

el slip

rinnahoidja

el sostén

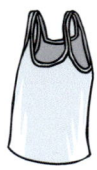

vest

el chaleco

riietus - la ropa

bodi

el bodi

püksid

los pantalones cortos

teksapüksid

los vaqueros

seelik

la falda

pluus

la blusa

särk

la camisa

sviiter

el jersey

dressipluus

el suéter

bleiser

el blazer

jakk

la chaqueta

mantel

el abrigo

vihmamantel

la gabardina

kostüüm

el traje

kleit

el vestido

pulmakleit

el vestido de novia

ülikond

el traje

öösärk

el camisón

pidžaama

el pijama

sari

el sati

pearätt

el bandana

turban

el turbante

burka

la burka

kaftan

el caftán

abayah

la abaya

ujumistrikoo

el traje de baño

ujumispüksid

el bañador

lühikesed püksid

los pantalones cortos

dressid

el chándal

põll

el delantal

kindad

los guantes

nööp

el botón

prillid

las gafas

käevõru

el brazalete

kaelakee

el collar

sõrmus

el anillo

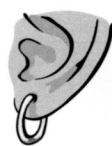

kõrvarõngas

el pendiente

nokamüts

la gorra

riidepuu

la percha

kaabu

el sombrero

lips

la corbata

tõmblukk

la cremallera

kiiver

el casco

traksid

los tirantes

koolivorm

el uniforme

vormirõivad

el uniforme

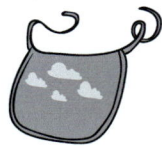

pudipõll

el babero

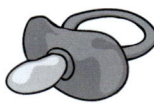

lutt

el maniquí

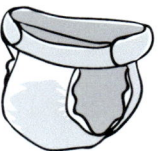

mähe

el pañal

kontor

la oficina

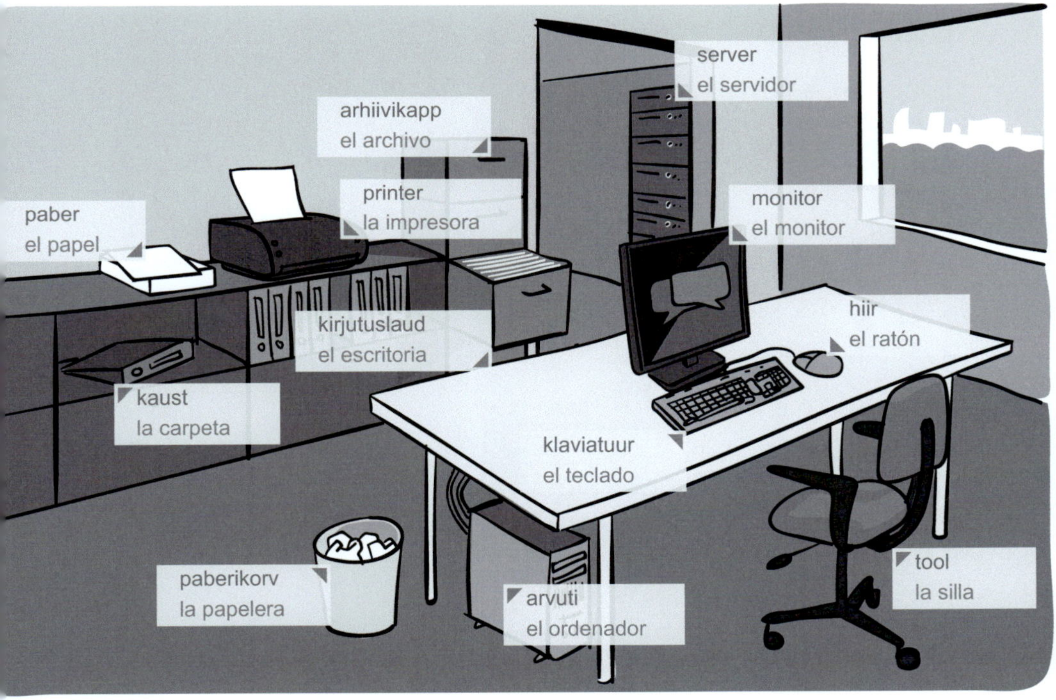
server
el servidor
arhiivikapp
el archivo
printer
la impresora
paber
el papel
monitor
el monitor
hiir
el ratón
kirjutuslaud
el escritoria
kaust
la carpeta
klaviatuur
el teclado
paberikorv
la papelera
arvuti
el ordenador
tool
la silla

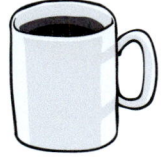

kohvikruus

la taza de café

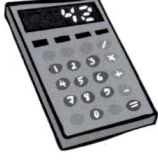

kalkulaator

la calculadora

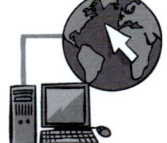

internet

el internet

sülearvuti

el portátil

kiri

la carta

sõnum

el mensaje

mobiiltelefon

el móvil

võrk

la red

koopiamasin

la fotocopiadora

tarkvara

el software

telefon

el teléfono

pistikupesa

la toma de corriente

faksimasin

el fax

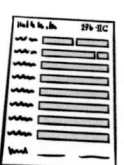

vorm

el formulario

dokument

el documento

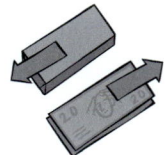

ostma
comprar

maksma
pagar

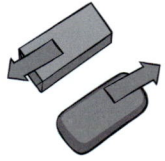

vahetama
comerciar

raha
el dinero

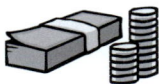

dollar
el dólar

euro
el euro

jeen
el yen

rubla
el rublo

Šveitsi frank
el franco suizo

renminbi jüaan
el renminbi yuan

ruupia
la rupia

sularahaautomaat
el cajero automático

valuutavahetuspunkt

la oficina de cambio de divisas

kuld

el oro

hõbe

la plata

nafta

el petróleo

energia

la energía

hind

el precio

leping

el contrato

maks

el impuesto

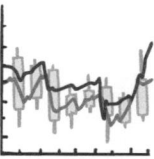

aktsia

la acción

töötama

trabajar

töötaja

el empleador

tööandja

el empleador

tehas

la fábrica

kauplus

la tienda de campaña

ametid
los oficios

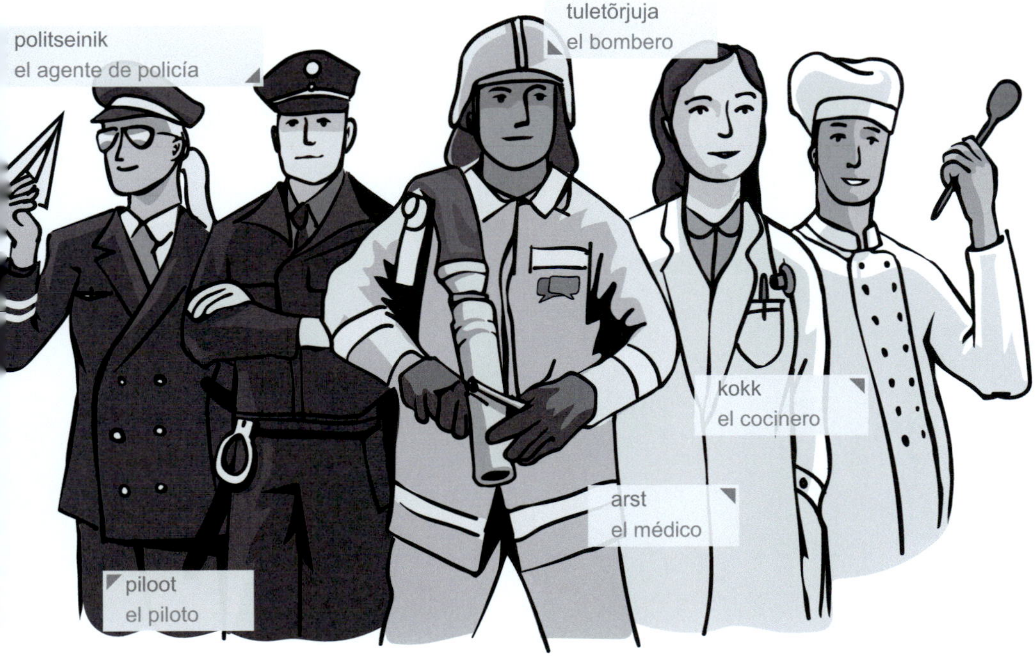
politseinik
el agente de policía
tuletõrjuja
el bombero
kokk
el cocinero
arst
el médico
piloot
el piloto

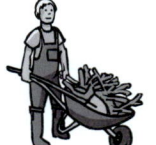

aednik

el jardinero

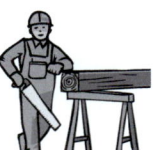

puusepp

el carpintero

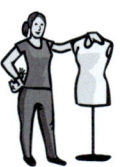

õmbleja

la costurera

kohtunik

el juez

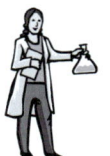

keemik

el farmacéutico

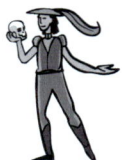

näitleja

el actor

bussijuht

el conductor de autobús

taksojuht

el taxista

kalamees

el pescador

koristaja

la señora de la limpieza

katusepaigaldaja

el techador

kelner

el camarero

jahimees

el cazador

maaler

el pintor

pagar

el panadero

elektrik

el electricista

ehitaja

el obrero

insener

el ingeniero

lihunik

el carnicero

torumees

el fontanero

postiljon

el cartero

sõdur

el soldado

arhitekt

el arquitecto

kassapidaja

el cajero

lillemüüja

el florista

juuksur

el peluquero

piletikontrolör

el revisor

mehaanik

el mecánico

kapten

el capitán

hambaarst

el dentista

teadlane

el científico

rabi

el rabino

imaam

el imán

munk

el monje

preester

el sacerdote

tööriistad
las herramientas

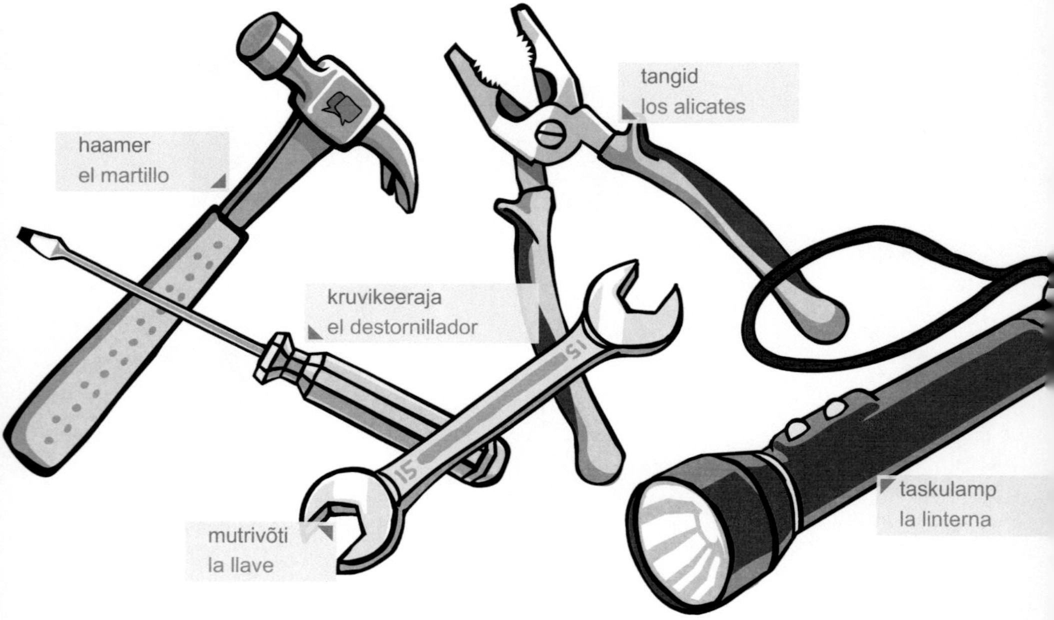

haamer
el martillo
tangid
los alicates
kruvikeeraja
el destornillador
taskulamp
la linterna
mutrivõti
la llave

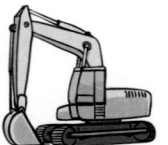

ekskavaator

la excavadora

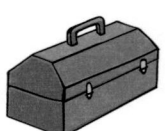

tööriistakast

la caja de herramientas

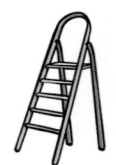

redel

la escalera de mano

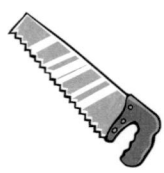

saag

la sierra

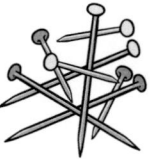

naelad

los clavos

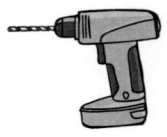

trell

el taladro

parandama

reparar

labidas

la pala

Põrgusse!

¡Maldita sea!

kühvel

el recogedor

värvipott

el bote de pintura

kruvid

los tornillos

pillid

los instrumentos musicales

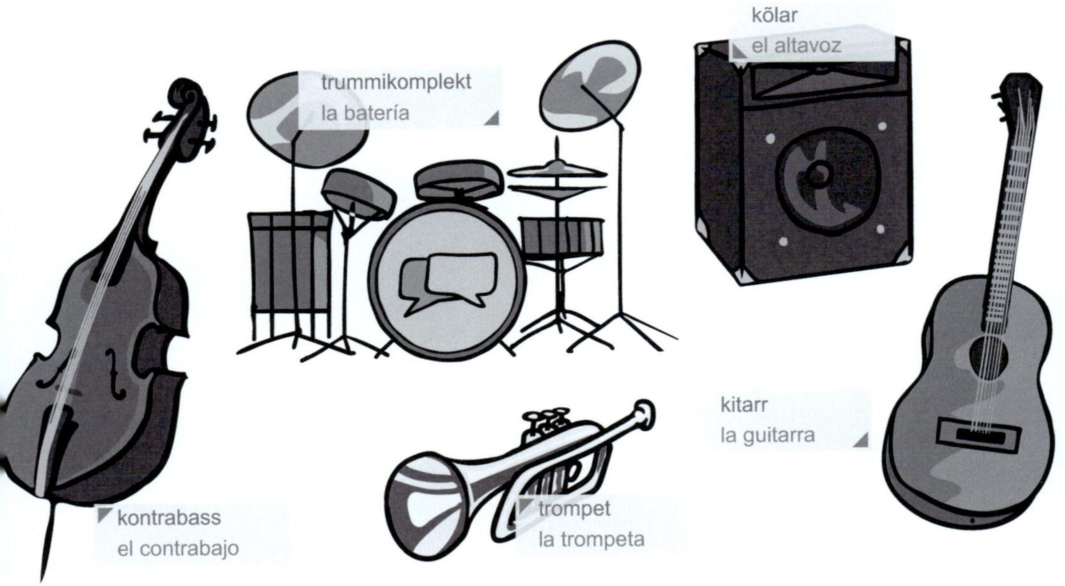

trummikomplekt
la batería

kõlar
el altavoz

kitarr
la guitarra

kontrabass
el contrabajo

trompet
la trompeta

klaver

el piano

viiul

el violín

bass

bajo

timpan

los timbales

trummid

el tambor

süntesaator

el teclado

saksofon

el saxofón

flööt

la flauta

mikrofon

el micrófono

loomaaed

el zoo

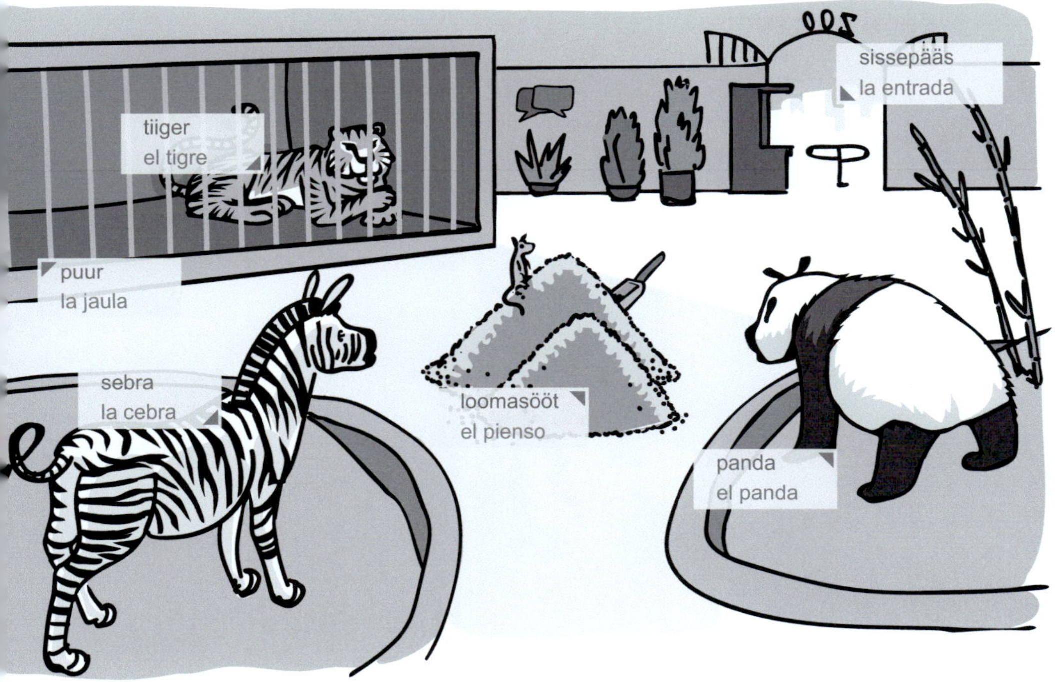

sissepääs
la entrada
tiiger
el tigre
puur
la jaula
sebra
la cebra
loomasööt
el pienso
panda
el panda

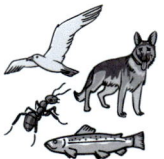

loomad

los animales

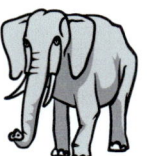

elevant

el elefante

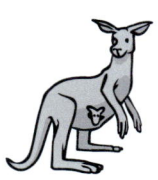

känguru

el canguro

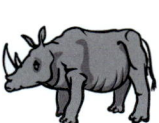

ninasarvik

el rinoceronte

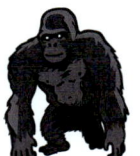

gorilla

el gorila

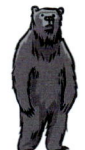

karu

el oso

kaamel

el camello

jaanalind

el avestruz

lõvi

el león

ahv

el mono

flamingo

el flamingo

papagoi

el loro

jääkaru

el oso polar

pingviin

el pingüino

hai

el tiburón

paabulind

el pavo real

madu

la serpiente

krokodill

el cocodrilo

loomaaiatalitaja

el guardián de zoológico

hüljes

la foca

jaaguar

el jaguar

poni

el poni

leopard

el leopardo

jõehobu

el hipopótamo

kaelkirjak

la jirafa

kotkas

el águila

metssiga

el jabalí

kala

el pescado

kilpkonn

la tortuga

morsk

la morsa

rebane

el zorro

gasell

la gacela

Ameerika jalgpall
el fútbol americano

jalgrattasõit
el ciclismo

tennis
el tenis

korvpall
el baloncesto

ujumine
la natación

poksimine
el boxeo

jäähoki
el hockey sobre hielo

jalgpall
el fútbol

sulgpall
el bádminton

kergejõustik
el atletismo

käsipall
el balonmano

suusatamine
el esquí

polo
el polo

tegevused
las actividades

naerma
reír
hüppama
saltar
kallistama
abrazar
jalutama
caminar
laulma
cantar
unistama
soñar
palvetama
rezar
suudlema
besar

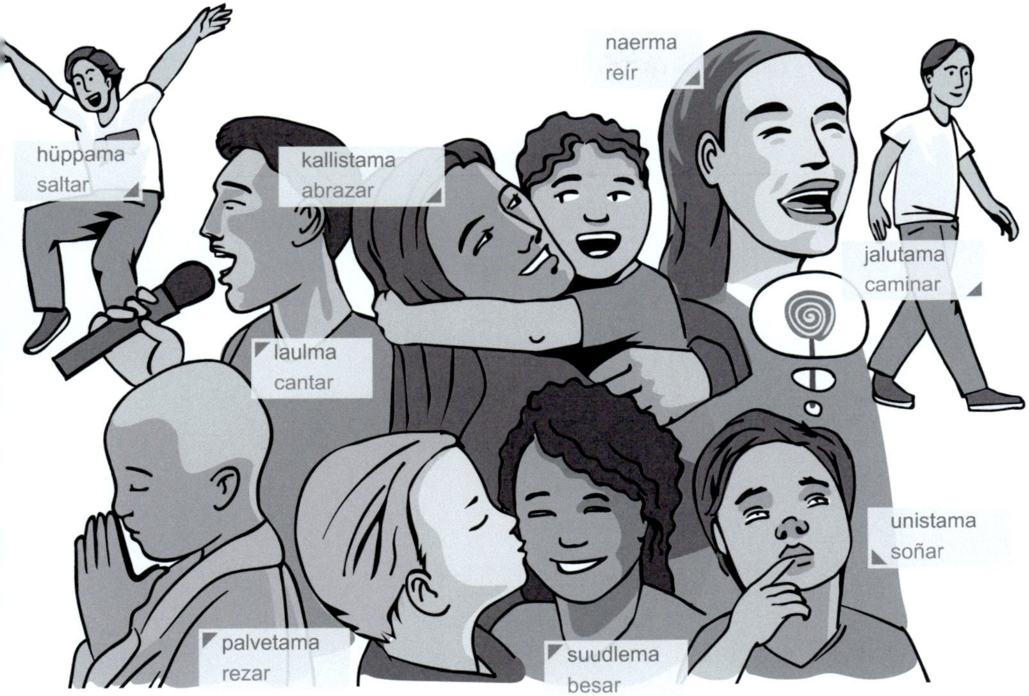

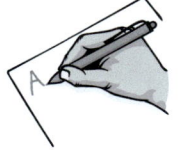

kirjutama

escribir

joonistama

dibujar

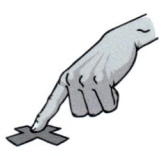

näitama

mostrar

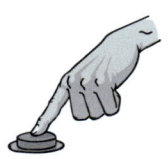

lükkama

empujar

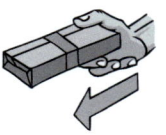

andma

dar

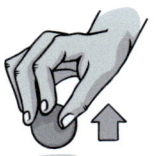

võtma

tomar

omama

tener

tegema

hacer

olema

ser

seisma

estar de pie

jooksma

correr

tõmbama

tirar

viskama

tirar

kukkuma

caer

lamama

yacer

ootama

esperar

kandma

llevar

istuma

estar sentado

riidesse panema

vestirse

magama

dormir

ärkama

despertar

vaatama

mirar

nutma

llorar

paitama

acariciar

kammima

peinar

rääkima

hablar

aru saama

entender

küsima

preguntar

kuulama

escuchar

jooma

beber

sööma

comer

korrastama

ordenar

armastama

amar

süüa tegema

cocinar

sõitma

conducir

lendama

volar

purjetama

navegar

arvutama

calcular

lugema

leer

õppima

aprender

töötama

trabajar

abielluma

casarse

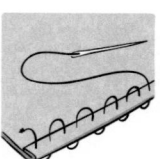

õmblema

coser

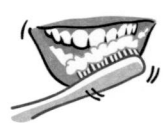

hambaid pesema

cepillarse los dientes

tapma

matar

suitsetama

fumar

saatma

enviar

perekond
la familia

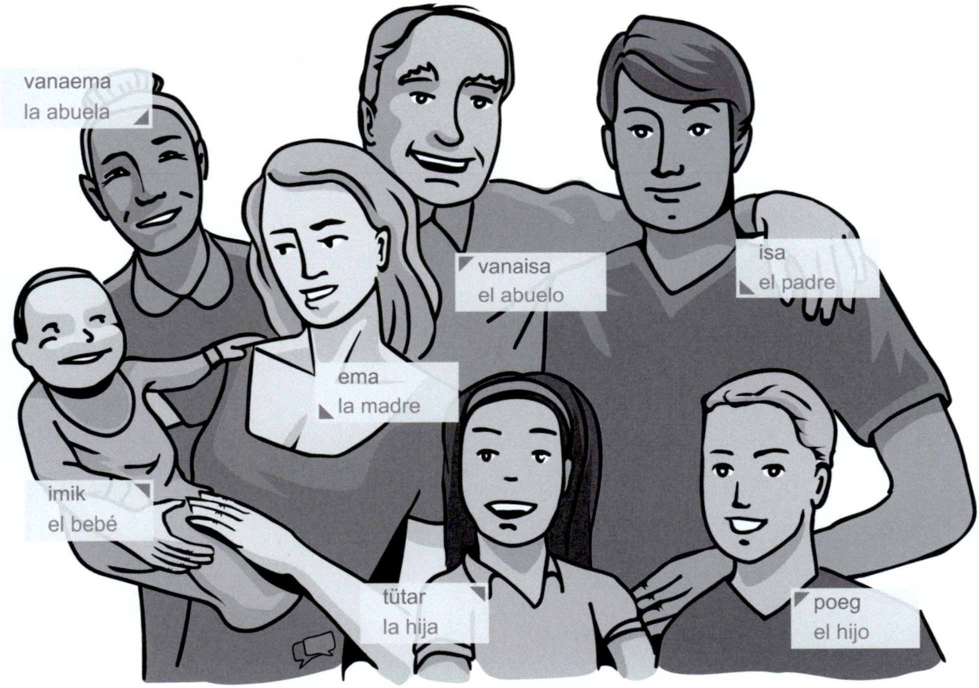
vanaema
la abuela
vanaisa
el abuelo
isa
el padre
ema
la madre
imik
el bebé
tütar
la hija
poeg
el hijo

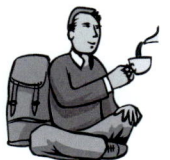

külaline

el invitado

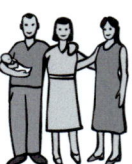

tädi

la tía

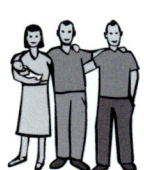

onu

el tío

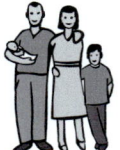

vend

el hermano

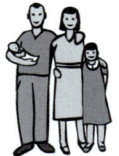

õde

la hermana

keha
el cuerpo

otsmik
la frente
silm
el ojo
õlg
el hombro
sõrm
el dedo
nägu
la cara
lõug
la barbilla
käsi
la mano
jalg
la pierna
rind
el pecho
käsivars
el brazo

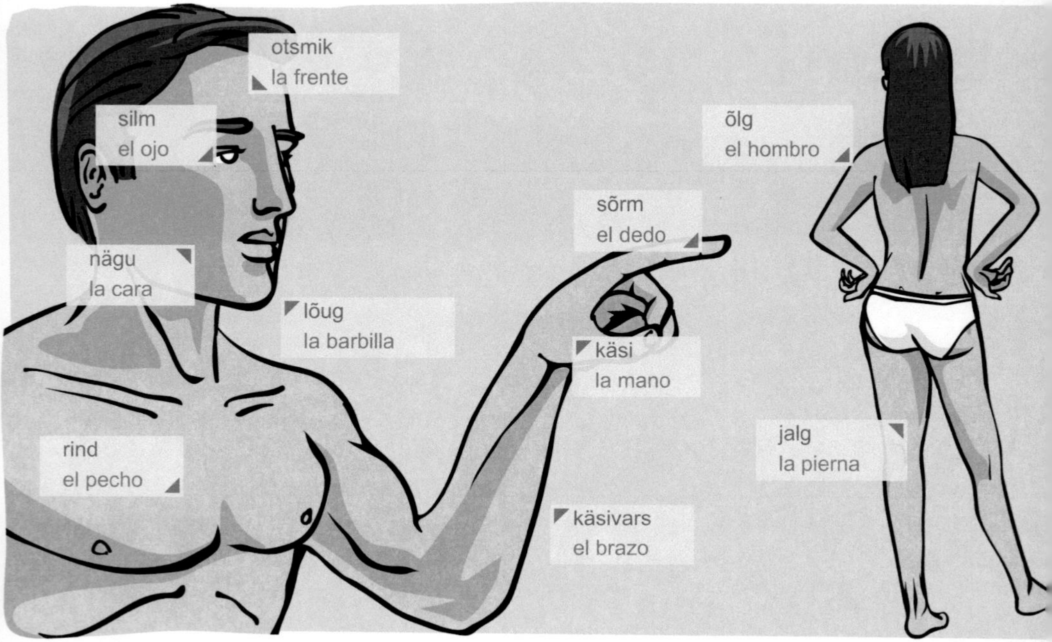

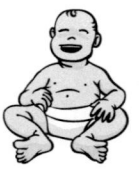

imik

el bebé

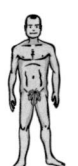

mees

el hombre

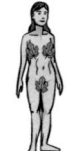

naine

la mujer

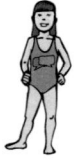

tüdruk

la chica

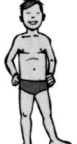

poiss

el chico

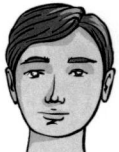

pea

la cabeza

selg

la espalda

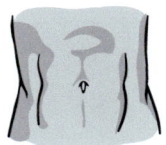

kõht

el vientre

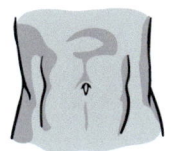

naba

el ombligo

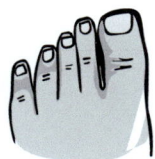

varvas

el dedo del pie

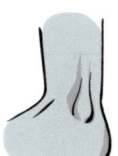

kand

el talón

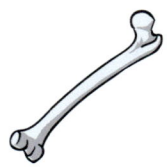

luu

el hueso

puus

la cadera

põlv

la rodilla

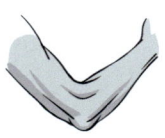

küünarnukk

el codo

nina

la nariz

tagumik

el trasero

nahk

la piel

põsk

la mejilla

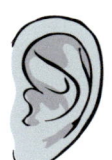

kõrv

el oído

huuled

el labio

suu

la boca

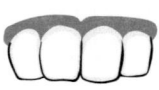

hammas

el diente

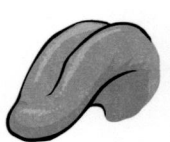

keel

la lengua

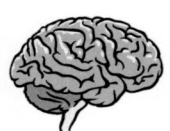

aju

el cerebro

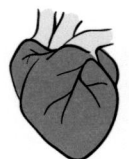

süda

el corazón

lihas

el músculo

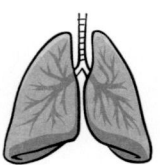

kops

el pulmón

maks

el hígado

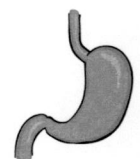

magu

el estómago

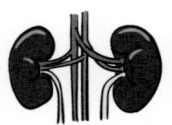

neerud

los riñones

seksuaalvahekord

el sexo

kondoom

el condón

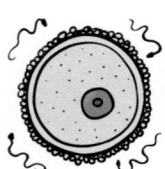

munarakk

el ovario

sperma

el semen

rasedus

el embarazo

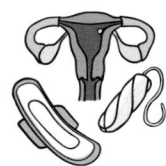

menstruatsioon

la menstruación

vagiina

la vagina

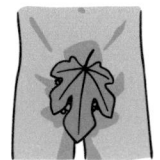

peenis

el pene

kulm

la ceja

juuksed

el pelo

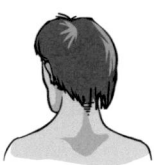

kael

el cuello

haigla
el hospital

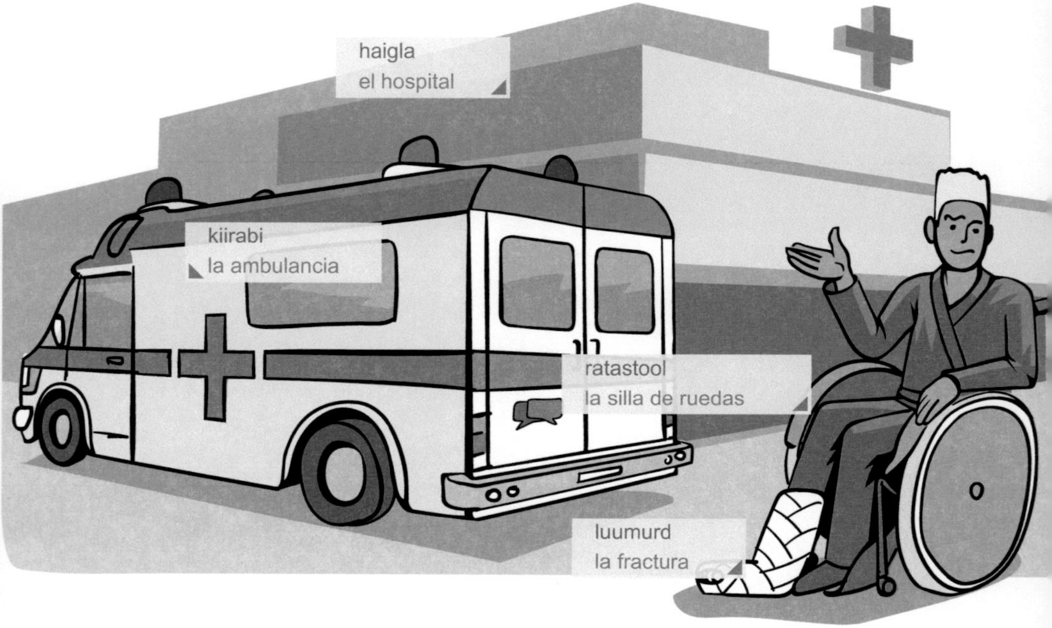

haigla
el hospital
kiirabi
la ambulancia
ratastool
la silla de ruedas
luumurd
la fractura

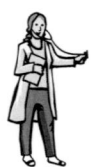

arst

el médico

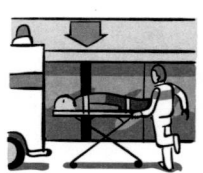

traumapunkt

la sala de urgencias

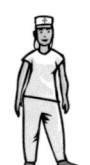

meditsiiniõde

la enfermera

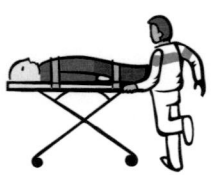

hädaolukord

la urgencia

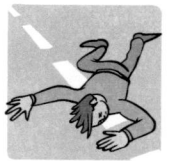

teadvuseta

inconsciente

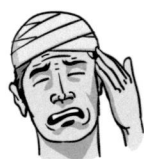

valu

el dolor

vigastus

la lesión

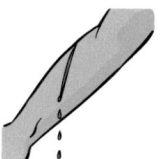

verejooks

la hemorragia

südamerabandus

el infarto

insult

el ictus

allergia

la alergia

köha

la tos

palavik

la fiebre

gripp

la gripe

kõhulahtisus

la diarrea

peavalu

el dolor de cabeza

vähk

el cáncer

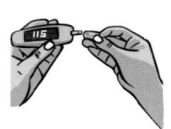

diabeet

la diabetes

kirurg

el cirujano

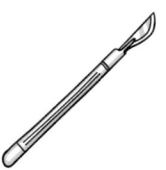

skalpell

el bisturí

operatsioon

la operación

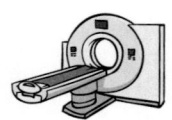

KT
TAC

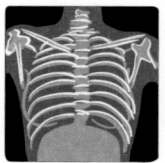

röntgen
los rayos x

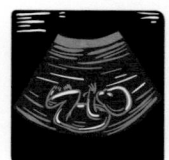

ultraheli
el ultrasonido

mask
la mascarilla

haigus
la enfermedad

ooteruum
la sala de espera

kark
la muleta

kips
la tirita

side
la venda

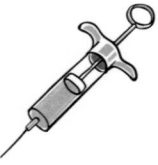

süst
la inyección

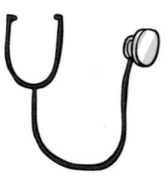

stetoskoop
el estetoscopio

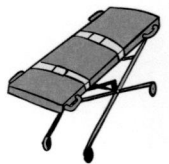

kanderaam
la camilla

kraadiklaas
el termómetro

sünd
el nacimiento

ülekaaluline
el sobrepeso

kuuldeaparaat

el audífono

desinfektsioonivahend

el desinfectante

põletik

la infección

viirus

el virus

HIV / AIDS

VIH / SIDA

meditsiin

la medicina

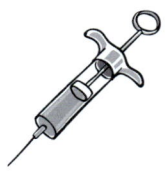

vaktsineerimine

la vacunación

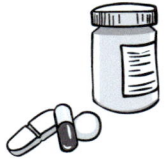

tabletid

las tabletas

pill

la pastilla

hädaabikõne

la llamada de urgencia

vererõhuaparaat

el tensiómetro

haige / terve

enfermo / sano

Appi!

¡Socorro!

häire

la alarma

kallaletung

el asalto

rünnak

el ataque

oht

el peligro

avariiväljapääs

la salida de emergencia

Tulekahju!

¡Fuego!

tulekustuti

el extintor de incendios

õnnetus

el accidente

esmaabikomplekt

el botiquín de primeros auxilios

SOS

SOS

politsei

la policía

Euroopa

Europa

Põhja-Ameerika

Norteamérica

Lõuna-Ameerika

Sudamérica

Aafrika

África

Aasia

Asia

Austraalia

Australia

Atlandi ookean

el atlántico

Vaikne ookean

el Pacífico

India ookean

el Océano Índico

Lõuna-Jäämeri

el Océano Antártico

Põhja-Jäämeri

el Océano Ártico

põhjapoolus

el polo norte

lõunapoolus

el polo sur

Antarktika

La Antártida

Maa

la tierra

maismaa

la tierra

meri

el mar

saar

la isla

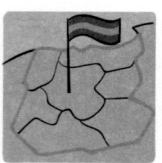

rahvus

la nación

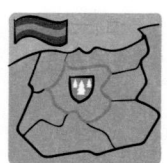

riik

el estado

sihverplaat

la esfera

tunniosuti

la manecilla de las horas

minutiosuti

el minutero

sekundiosuti

el segundero

Mis kell on?

¿Qué hora es?

päev

el día

aeg

el tiempo

praegu

ahora

digitaalne kell

el reloj digital

minut

el minuto

tund

la hora

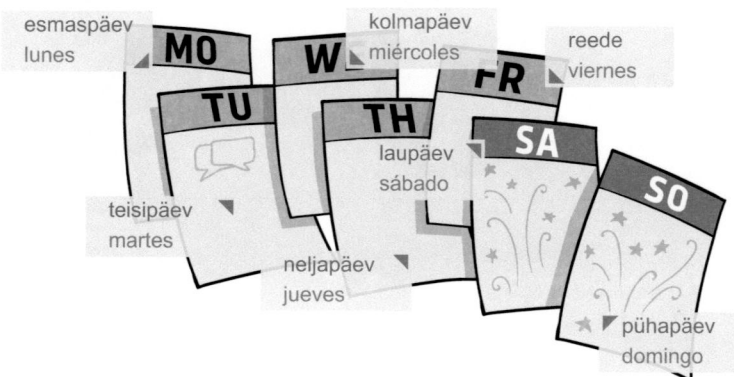

esmaspäev
lunes

kolmapäev
miércoles

reede
viernes

teisipäev
martes

laupäev
sábado

neljapäev
jueves

pühapäev
domingo

eile

ayer

täna

hoy

homme

mañana

hommik

la mañana

lõuna

el mediodía

õhtu

la tarde

MO	TU	WE	TH	FR	SA	SU
1	2	3	4	5	6	7
8	9	10	11	12	13	14
15	16	17	18	19	20	21
22	23	24	25	26	27	28
29	30	31	1	2	3	4

tööpäevad

los días laborables

MO	TU	WE	TH	FR	SA	SU
1	2	3	4	5	6	7
8	9	10	11	12	13	14
15	16	17	18	19	20	21
22	23	24	25	26	27	28
29	30	31	1	2	3	4

nädalavahetus

el fin de semana

vihm
la lluvia

vikerkaar
el arcoíris

tuul
el viento

lumi
la nieve

kevad
la primavera

sügis
el otoño

suvi
el verano

talv
el invierno

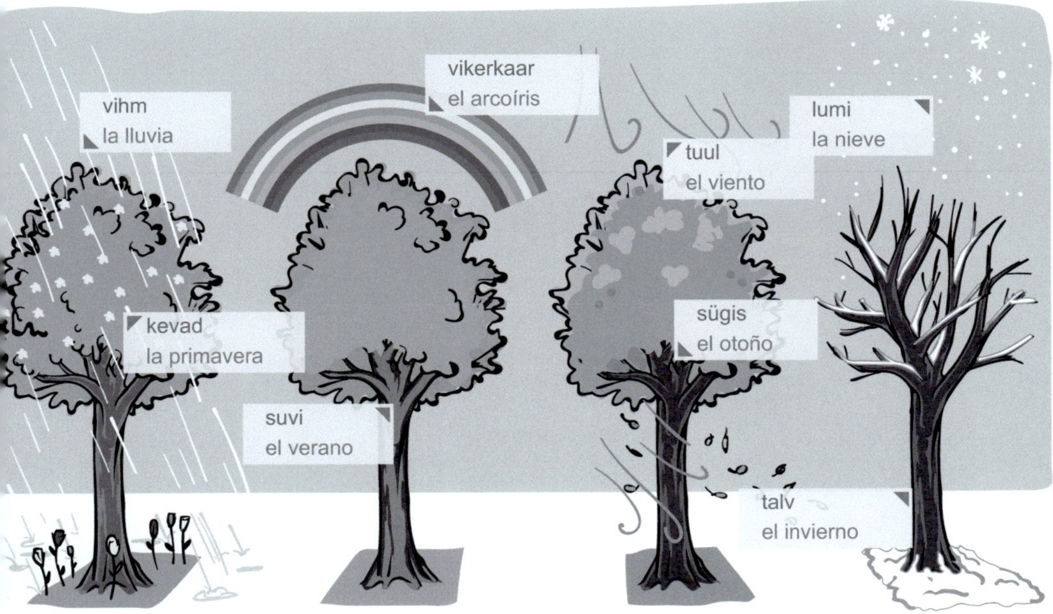

ilmaennustus

el pronóstico del tiempo

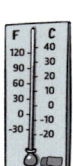

termomeeter

el termómetro

päikesepaiste

el sol

pilv

la nube

udu

la niebla

niiskus

la humedad

pikne

el rayo

kõu

el trueno

torm

la tormenta

rahe

el granizo

mussoon

el monzón

üleujutus

la inundación

jää

el hielo

jaanuar

enero

veebruar

febrero

märts

marzo

aprill

abril

mai

mayo

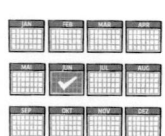

juuni

junio

juuli

julio

august

agosto

september
septiembre

oktoober
octubre

november
noviembre

detsember
diciembre

kujundid

las formas

ring
el círculo

ruut
el cuadrado

nelinurk
el rectángulo

kolmnurk
el triángulo

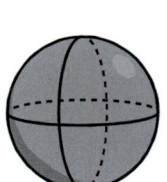

kera
la esfera

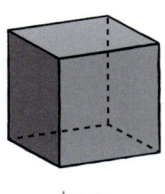

kuup
el cubo

valge

blanco

kollane

amarillo

oranž

anaranjado

roosa

rosa

punane

rojo

lilla

morado

sinine

azul

roheline

verde

pruun

marrón

hall

gris

must

negro

palju / vähe

mucho / poco

vihane / rahulik

enojado / tranquilo

ilus / inetu

bonito / feo

algus / lõpp

principio / fin

suur / väike

grande / pequeño

hele / tume

claro / oscuro

vend / õde

el hermano / la hermana

puhas / must

limpio / sucio

täielik / puudulik

completo / incompleto

päev / öö

el día / la noche

surnud / elus

muerto / vivo

lai / kitsas

ancho / estrecho

söödav / mittesöödav

comestible / no comestible

kuri / sõbralik

malo / amable

põnevil / tüdinud

entusiasmado / aburrido

paks / peenike

gordo / delgado

esimene / viimane

primero / último

sõber / vaenlane

el amigo / el enemigo

täis / tühi

lleno / vacío

kõva / pehme

duro / blando

raske / kerge

pesado / ligero

nälg / janu

el hambre / la sed

haige / terve

enfermo / sano

ebaseaduslik / seaduslik

ilegal / legal

tark / rumal

inteligente / tonto

vasak / parem

izquierda / derecha

lähedal / kaugel

cerca / lejos

uus / kasutatud

nuevo / usado

mitte midagi / midagi

nada / algo

vana / noor

viejo / joven

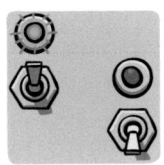

sees / väljas

encendido / apagado

lahti / kinni

abierto / cerrado

vaikne / vali

silencioso / ruidoso

rikas / vaene

rico / pobre

õige / vale

correcto / incorrecto

kare / sile

áspero / suave

kurb / rõõmus

triste / contento

lühike / pikk

corto / largo

aeglane / kiire

lento / rápido

märg / kuiv

húmedo / seco

soe / jahe

cálido / frío

sõda / rahu

guerra / paz

los números

0

null
cero

1

üks
uno

2

kaks
dos

3

kolm
tres

4

neli
cuatro

5

viis
cinco

6

kuus
seis

7

seitse
siete

8

kaheksa
ocho

9

üheksa
nueve

10

kümme
diez

11

üksteist
once

12

kaksteist

doce

13

kolmteist

trece

14

neliteist

catorce

15

viisteist

quince

16

kuusteist

dieciséis

17

seitseteist

diecisiete

18

kaheksateist

dieciocho

19

üheksateist

diecinueve

20

kakskümmend

veinte

100

sada

cien

1.000

tuhat

mil

1.000.000

miljon

el millón

inglise
el inglés

Ameerika inglise
el inglés americano

mandariini
el chino madarín

hindi
el hindi

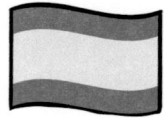

hispaania
el español

prantsuse
el francés

araabia
el árabe

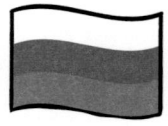

vene
el ruso

portugali
el portugués

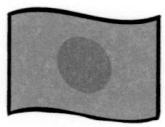

bengali
el bengalí

saksa
el alemán

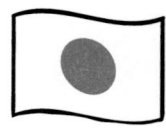

jaapani
el japonés

mina
yo

sina
tú

tema
él / ella / ello

meie
nosotros/as

teie
vosotros/as

nemad
ellos/as

kes?
¿quién?

mis?
¿qué?

kuidas?
¿cómo?

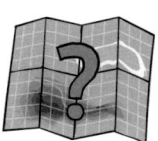

kus?
¿dónde?

millal?
¿cuándo?

nimi
el nombre

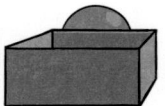

taga

detrás

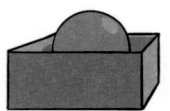

sees

en

ees

delante de

kohal

por encima de

peal

sobre

all

debajo de

kõrval

junto a

vahel

entre

koht

el lugar